창공의 빛을 따라

Suivant l'azur

By Nathalie Léger

Copyright © P.O.L Editeur, 2020
All rights reserved.

This Korean edition was published by Eulyoo Publishing Co., Ltd. in 2025 by arrangement with P.O.L Editeur, 2020 through KCC(Korea Copyright Center Inc.), Seoul.

이 책의 한국어판 저작권은 ㈜한국저작권센터(KCC)를 통한 저작권사와의 독점 계약으로 ㈜을유문화사에 있습니다. 저작권법에 의해 한국 내에서 보호를 받는 저작물이므로 무단전재와 무단복제를 금합니다.

나탈리 레제 지음
황은주 옮김

창공의 빛을 따라
나탈리 레제

발행일
2025년 11월 30일 초판 1쇄

지은이 | 나탈리 레제
옮긴이 | 황은주
펴낸이 | 정상준
펴낸곳 | (주)을유문화사

창립일 | 1945년 12월 1일
주소 | 서울시 마포구 서교동 469-48
전화 | 02-733-8153
팩스 | 02-732-9154
홈페이지 | www.eulyoo.co.kr

ISBN 978-89-324-7586-8 04860
ISBN 978-89-324-6130-4 (세트)

글. 나탈리 레제

작가, 전시 기획자 및 아키비스트로, 현재 동시대 출판기록물 연구소(Institut Mémoires de l'édition contemporaine, IMEC) 소장이다. 1994년 아비뇽 페스티벌에서 배우 겸 극작가 앙투안 비테즈를 기념한 〈연기와 이성(Le Jeu et la Raison)〉전, 2002년 퐁피두 센터에서 롤랑 바르트 자료전, 2007년 퐁피두 센터에서 사뮈엘 베케트 자료전 등, 기획자로서 연극과 문학 분야에 기반한 각종 아카이브 전시들을 이끌었다. 비테즈의 저술들을 문집 『연극에 관한 글 (Écrits sur le théâtre)』과 단행본 『앙투안 비테즈(Antoine Vitez)』로 묶어 간행했고, 롤랑 바르트의 콜레주 드 프랑스 강의록 마지막 두 권을 고증해 『소설의 준비(La Préparation du roman)』로 펴냈다. 장르의 경계를 미묘하게 넘나드는 글쓰기로 창작을 시작, 전기 형식의 예술 에세이 『사뮈엘 베케트의 말 없는 삶(Les Vies silencieuses de Samuel Beckett)』을 썼고, 여성 예술가 3부작이라 할 세 권의 소설집 『전시(L'Exposition)』, 리브르앵테르상(Prix du Livre Inter) 수상작 『바버라 로든의 생애에 대한 보유(Supplément à la vie de Barbara Loden)』, 베플레르상(Prix Wepler) 수상작 『하얀 드레스(La Robe blanche)』를 출간했다. 근작 『창공의 빛을 따라(Suivant l'azur)』는 2018년 급작스레 작고한 남편, 극작가 장–루 리비에르(Jean-Loup Rivière)를 기리는 애도의 글이다.

옮김. 황은주

서울대학교 철학과를 졸업하고, 대학원에서 철학과 불문학을 공부하였다. 현재는 영어와 프랑스어 책을 우리말로 옮기고 있다. 옮긴 책으로 『루소의 식물학 강의』, 『다가올 사랑의 말들』, 『화성과 금성의 신화』, 『자살의 연구』(공역), 『리스펙토르의 시간』 등이 있다.

창공의 빛을 따라

나탈리 레제 지음
황은주 옮김

내가 어디에 있는지 알기 위해서는
내가 없는 지도가 필요하다.
미로의 법칙에 질문을 던지고
실을 따라가기만 하면 된다.

―장-루 리비에르,
『땅의 지도와 삽화들』[I]

[I] 1980년 퐁피두 센터에서 개최된 전시회 및 해당 전시를 위해 제작된 책자의 제목으로, 나탈리 레제의 남편 장-루 리비에르가 기획하였다.

창공의 빛을 따라

우리는 떨면서 나아간다. 그리고 기억한다.
기억하는 것이 가능할 때, 이미지가 형태를
갖추길 기다릴 수 있을 만큼 차분해질 때, 우리는
친밀함 속에서 고요히 표류하던 순간들을, 침묵과
끓어오름이 공존하던 시간을 기억해 낸다. 우리는
진리에 대해 거의 아는 바가 없지만, 그 진리,
사랑의 진리, 그것만큼은 알고 있다. 우리는
말과 몸짓들이 오가던 순간들을 기억하고, 어떤
몸짓을 기억한다. 그것만으로도 이미 벅차다.

우리는 진흙탕을 헤쳐 나가는 군인처럼 신중하게, 두려움을 느끼면서, 기억 속을 나아간다. 시작하기 위해서는 혀를 둔하게 만드는 데 유용한 말, 먹먹한 메아리를 불러오는 "우리²"라는 말을 통해 언어를 조금이나마 무디고 흐리게 할 필요가 있다. 우리에겐 이런 방편이 필요하다. 때때로 "나"는 너무 날카롭고, 너무 많은 꾀를 품고 있으니까. 아니, 아니다. 우리가 걱정하는 건 "나"가 감정에 지나치게 물들게 되는 것이다. 우리가 두려워하는 건 그 감정이다. 우리는 차분해질 필요가 있다. 그러면 구태여 떠올리지 않아도 "나"는 저절로 올 것이다. 어쨌든 머지않아 그렇게 될 것이니, 우리는 흘러가는 대로 가만 놓아둘 것이다. 그러나 처음 시작하기 위해서는 모호한 상태로 놓아둘 필요가 있다. 그리고 글쓰기 안에 삶과 접하는 통로 하나를 파낼 필요가 있다. 이제부터 너를 되찾기 위해, 삶이 오로지 말들에만 매달려야 할 테니.

시작에 대해 말하고는 있지만, 우리는 끝과 시작 사이에서 벌써 어찌할 바를 모르고 있다.

시작을 말한 것은 숨을 고르기 위해서였다. 그러나 우리가 원하는 건 시작하기도, 끝내기도 아니다. 우리가 원하는 건 어떤 사건이 일어나는 것, 아직 그게 무엇인지는 알지 못하지만, 감사한 마음으로 그 사건의 한가운데에 있는 것이다. 우리는 많은 걸 바라지 않는다. 그저 자신보다 아주 조금만 더 높이 올라가고 싶을 뿐이다. 하지만 아무리 애쓰고 생각 속에서 발버둥 쳐 봐도 단 하나의 사건 바깥으로 나갈 수가 없으니, 그것이 우리의 감옥이다. 그것은 거꾸로 뒤집힌 수태고지受胎告知, 준비하도록 이끄는 대신 산산이 흩어지게만 하는 사건, 채 끝나기도 전에 다시 시작되는 정지 화면, 숨 가쁘게 지나가면서도 정지돼 있는 장면, 생각을 못 박아 매어 두는 장면이다. 그날 밤, 기이하게도 텅 비어 있던 창백한 복도에서 길을 잃은 채, 기계 장치들이 내는 소음 속을 아득한 정신으로 달리면서, 우리는 간청하고, 외치고, 애원했으니, 제발 말해 주세요, 제발, 묻고 또 애원했으니, 우리를 도와주세요, 우리에게 말해 주세요, 도와주세요, 말해 주세요……. 그것은 모든 것을

---

2   "우리"로 번역한 프랑스어 단어 "on"은 '사람들, 불특정한 누군가', '우리' 등의 의미를 지닌 부정대명사pronom indéfini로, 그 발음은 한국어 '옹' 또는 '온'에 가깝다. 여기서 열거된 "우리"라는 말의 특징들은 "on"의 발음상의 특징과 의미상의 특징 모두를 포함하는 것으로 보인다.

파괴하는 고지告知이지만, 그럴 때도 우리는 말
안에 곧게 서 있어야만 하니, 그러니 말해 주소서,
이게 무슨 일인지, 우리는 볼 수도 없고, 알 수도
없나이다, 짐작만으로는 아무것도 알 수 없나이다,
도와주소서, 말해 주소서, 고지해 주소서.

    계속해서 그날 밤. 흐트러진 침대들과 땀에
젖은 채 벌써부터 새벽을 기다리고 있는 육체들을
뒤로한 채, 열어젖힌 문이 닫히기도 전에, 우리는
도움을 청하러 나섰다. 기계 장치들이 내는 소음
속을 달리고, 간청하고, 창백한 복도에서 길을
잃고, 부르고, 그 칠흑 같은 밤 속에서 애원하고,
말을 걸 사람을 아무도 찾지 못하고, 삶이 떠나갈
때 찾아오는 돌연한 고독에 놀라 경계 태세에
돌입한 육체들을 남겨 둔 채, 우리는 닫혀 버린
문 앞에서 부르고, 달리고, 질겁한 채 형광등 불빛
아래를 달리고, 두려움과 무지가 일으킨 혼란
속에서 더는 머뭇대지 않고 외쳤다. 우리는 부르고
외쳤으니, 제발 우리를 도와주세요. 우리한테
말해 주세요. 우리는 간청했다. 도와 달라고, 말해

달라고. 우리는 진실을 알 수 없나이다. 사실이라는
빈약한 찌꺼기로도, 직관으로도 알 수 없나이다.
진실은 얼음처럼 차갑나이다. 그러니 말해 주소서.
제발 무슨 말이라도 해 주소서. 고지해 주소서.

  육중한 암흑이 내려앉는다.
  공동空洞이 내는 소리.

 하지만 아니었다. 우리는 보았고, 보고 있었다.
너무 많이 흘려 버린 눈물 너머로 우리는 알고
있었다. 우리는 그의 얼굴 가장자리에 그것이
잠시 머무는 것을 보았고, 그의 입술 위에 그것이
앉는 것을 보았고, 그것이 입술 안으로 돌진해
들어가기 전에 주저하고, 잠시 숙고하는 것을,
혹은 우리가 그렇게 믿도록 만드는 것을 보았고,
이어 그의 입술이, 붙잡을 수 없는 속도로, 비정한
슬로우모션으로, 가차 없이 회색빛에 물드는 것을
보았다. 그럼에도 의혹은 계속되었다. 그것은
정말로 밖에서 들어온 걸까? 어딘가 다른 곳에서
온 걸까? 아니면 처음부터 그 안에 있던 것이

나온 걸까? 때가 되자 빠져나온 걸까? 모든 것을
망가뜨리고, 괴멸시키고, 먹어 치우고 난 후에,
와해의 말로 모든 것을 말한 후에, 뻣뻣해진 채로
흘러나온 걸까?

    그때, 닥쳐 오던 일에 숨어 있는 여러 개의
겹 속에서, 나는 너를 붙잡고 싶었고, 너를 지키고
싶었다. 돌아와. 머물러. 머물러 줘. 그럴 순 없어.
떠나 버릴 순 없어. 나는 벌써 무거워지고 있던,
버려진 너의 몸을 온몸으로 껴안아 붙잡았다.
나는 열렬히 너를 품고 싶었고, 붙잡고 싶었고,
열렬히 너를 빼앗아 오고 싶었다. 내 두 팔로
너를 지키고 싶어서, 데려오고 싶어서, 너에게
몸을 숙이고 애원했지만, **돌아와, 돌아와,** 그 몸짓
속에서 내 힘은 턱없이 부족했고, 누군가 이미 했던
몸짓을 하고 있는 내가, 무대 위 비탄의 장면을
모방하고 있는 내가 부끄러웠고, 통곡의 계보
속에서 닳고 닳은 몸짓을 한 번 더 반복할 뿐인
내가 부끄러웠고, 감정도 말도 새롭게 발명해 내지
못하는 내가, 너를 구할 단 한마디 말도 발명하지

못하는 내가 부끄러웠다. 내게서 너를 끝내 빼앗아
간 것은 이 소용없는 부끄러움, 어쩌면 그것인지도
모른다. 마지막으로 한 번 더, 나는 너를 붙잡고
싶었다. 하지만 무거웠다. 너무 무거웠다. 왜냐하면
너는 이제 혼자가 아니었으니까. 너와 죽음, 둘이
되었으니까.

　　아주 오래전, 만남의 자명함 속에서 우리는
서로 이렇게 말했었다. "너야." 바로 너, 있는
그대로의 너, 당신. 가장 세세한 것 하나하나까지
너의 이름으로 불리는 너. 그 모든 세세한 것들로
이루어진 너라는 세계. 믿을 수 없을 만큼 너인 너.
바로 너. 충만함 속에서 말하게 되는 너.

　　이제는 캄캄한 마침표 하나만 남았다. 눈물,
저주받은 눈물로 흠뻑 젖은 마침표. 생각, 저주받은
생각의 망치로 연신 두들겨 맞은 마침표. 이제는
한 가지 어떤 것 — 하지만 도대체 **그것**이 뭐란
말인가? 연장延長인가, 상태인가, 물질인가? — 만
남았다. 미지의 것, 돌이킬 수 없는 것, 힘겹게

통과해야만 할 것. 나는 캄캄한 마침표 **하나**라고
말했지만, 아니다. 그것은 부정관사로 말해질
것이 아니다. 그 반대다. **하나**의 마침표가 아니라
마침표 **자체,** 끝내 남게 되는 단 하나의 것. 그 죽음,
곧 죽음 자체. 그 단어를 발음하는 순간 우리는
무너져 내린다. 우리는 무너져 내렸다. 몇 시간
전 그가 속삭였다. 이제는 침묵 속에서 단순한
몸짓으로만 말을 건네려 애쓰는 그가, 너무 지쳐
있어서 말을 겨우 만들어 낼 수 있는 그가, 몇 시간
전, 이렇게 속삭였다. **마침표는 사랑이야.** 그는
계시처럼 말하지 않았다. 천진하게 말하지 않았다.
그것은 쇠약해져 전부 고갈되고 만 바닥으로부터
끌어낸 절박한 요약이었다. 시는 끝났고, 소소한
대화는 끝났고, 거대한 서사도, 과장된 수사도
끝났다. 가자. 이제 몇 마디 말로 바로 그곳을 향해
가자. 속삭이며 가자. **마침표는 사랑이야,** 이 말이
그리는 작은 동그라미 안에서 비밀스럽게 몸을
말고 있던 너와 나. 이제 마침표들은 포개졌고, 단
하나의 마침표만이 남았다. 불투명하고, 조밀하며,
울부짖고 있는 마침표. 단단한, 너무나도 단단한.

들어 줘. 너를 부르는 내 목소리를 들어 줘.

차가운 방, 회색빛 방에서 모든 것이 끝난다. 거기 돌처럼 놓여 있는 너의 몸. 그리고…… 차가운 방 안 너의 몸. 너의 몸? 너의 몸. 우리는 그 주위를 맴돈다. 우리는 이제 너에게 아무것도 속해 있지 않음을 좀처럼 받아들이지 못한다. 우리는 머뭇대고, 직시하지 못한다. 그건 네가 아닌데 어떻게 그걸 네 몸이라고 할 수 있을까? 너의 몸. 네가 더 이상 네가 아니라면 그건 네 몸일 수도 없다. 우리는 차분하게, 겉으로만 차분하게 서 있다. 그때까지 우리는 몰랐다. 그날 처음으로 알게 되었다. 내면이 소리 없이 무너져 미친 사람처럼 변하더라도 겉으로는 차분할 수 있다는 것을. 부재는 아무런 힘도 없으면서 터무니없는 규모로 밀려오고, 우리는 너의 존재하지 않음이 창조한 풍경에 압도되어 그저 차분히 서 있다. 그리고 거기 있는 너는, 어디에도 없다. 너는 뿌리째 뽑혀 나갔다. 우리는 너를 데려가고 싶지만 어디서부터 시작해야 할지 알지 못한다. 우리는 네가 하나의 개념이 되어 버린다는 걸 받아들일 수 없다. 네가 개념에 불과하다는 것을, 그게 제아무리 위대한 개념이더라도, 우리는 받아들일 수 없다. 우리는 네 앞에 서 있다. 이게 마지막이란 것을 안다. 마지막이라는 것을. 마지막이라는 것을. 무언가 의미가 있어야만 할 테지만, 거기에 의미 같은 건 있을 수 없다. 그리고 그다음엔? 매장. 의식들. 나는 너에게 입 맞추었고, 더듬거리며 속삭인 말들은 마치 접힌 쪽지처럼 너의 피부 위로 미끄러졌다. 그리고 네 눈꺼풀 위로 내 눈물이 재빨리 떨어져 내렸다.

    네가 머무는 공간은 닿을 수 없는 곳이 되었고, 이제 너는 없다. 우리가 그 점을 이해할 수 있을까? **이제 너는 없네**, 비명. 너무 거대해서 척도를 초월해 버린 우주가 형이상학적 도끼를 어깨에 얹은 채 다가오더니 생각의 문을 두드리며 분노한 목소리로 소리친다. **이제 없네. 다시는. 다시는 없네.** 우리는 웅크려 숨는다. 우주는 없음을 울부짖으려 계속해서 말을 덧붙인다. **이제는. 이제**

다시는. 우리는 미치지 않으려고 정신을 집중한다. 그리고 마침내 그것이 지쳐 돌아설 때, 우리는 텅 빈 공허와 함께 홀로 남게 될 것이다. 그런 법이다. 그게 홀아비, 과부라는 말이 뜻하는 바니까. 텅 빈 사내, 텅 빈 여인[3]. 공허로 채워지는 건 결코 가벼워지는 일이 아니다. 그건 무게에 짓눌리는 일이다. 무게는 그 짓누름을 통해 생각 속에 자신의 각인을, 틀림없는 흔적을 남긴다. 하지만 사람들은 말할 것이다. 시작들이 시작할 때부터 텅 비어 있던 건 아니었을까? 몸은, 내 몸은, 모든 몸은, 이미 산산조각 나고, 너덜너덜하고, 뚝뚝 흘러내려서, 끊임없이 말을 불러 구원을 요청해야만 가까스로 형체를 유지할 수 있는 그런 것이 아니었을까? 그래, 그랬다. 하지만 그게 공허는 아니었다. 지금 파내지는 이것, 이것은 너의 죽음이 내 안에 뚫어 놓은 차가운 빈터다.

    모든 게 너무 빨리 지나갔다. 단 몇 주 만이었다. 나는 이해하려 애써 보지만 하나의 질문에 부딪히는 상황 너머로 나아가지 못한다.

---

3   프랑스어로 홀아비, 과부를 뜻하는 단어 veuf와 veuve는 텅 빈 사람을 뜻하는 le vidé, la vidée와 연결된다.

나는 네가 죽으리라는 걸 알고 있었을까? 하지만 어떻게? 나는 내가 뭘 알았어야 한다고 생각하는 걸까? 고작 몇 주 만에 뭘 알 수 있을까? 한 번의 인생을 사는 동안 죽음에 대해 무엇을 알 수 있을까? 나는 몰랐고, 끝내 알지 못했다. 아니, 그게 아니다. 나는 알고 싶지 않았다. 아니, 그것도 아니다. 나는 모든 것을 알고 있었다. 바닥까지 붕괴된, 닿을 수 없는 불투명한 앎이었다. 그럼 너는, 네가 죽을 거라는 걸 알고 있었을까? 그걸 알았다면 너는 왜 내게는 한마디도, 단 한마디도 해 주지 않았던 걸까? 그런데 자기 죽음에 대해 말하는 게 가능하긴 한 걸까? 우리는 언제나 삶에 대해서만 말해야 하는 게 아닐까? 우리는 그 지점에 머물러 있다. 우리는 진부한 말들을 만지작거린다. 진부한 말들을 만지작거리면서 수많은 밤을 전부 겪는다. 내가 알아낸 게 있다면, 모든 것이, 그게 죽음인지 삶인지는 이제 나도 모르겠지만, 모든 것이, 모르고 있기에는 너무 느리게 지나가고, 무언가 알기에는 너무 빨리 지나간다는 것이다. 그 둘 사이에서 나는 가엾은 말들로 구멍을 메워 보려 애쓴다.

　그건 링에 오르는 것과 같았다. 우리는 매끈한 물질로 마감된 병실로 입장했다. 언제나 새로우면서도 오래된 그곳에서 나는 불안해져 토한 적이 있다. 우리는 입장했다. 마음 단단히 먹어. 집중해, 집중! 원칙은 활기야. 활기로 시련을 견디고, 사라져 가는 네 곁에서 활기를 과장되게 연기하면서, 삶 쪽에 내기를 걸어 보는 거야. 우리는 아무것도 모르니까. 그들은 아무것도 말해 주지 않으니까. 그들 역시 아무것도 알지 못하니까. 그렇다면 생이야. 생을 힘껏 껴안아야 해. 생의 도약을, 언제까지나! 그렇게 너와 나, 우리는 너의 죽음에 대해 말하지 않았다. 이제 와 나는 나를 자책한다. 그건 배반이었다고.

　수많은 밤, 나는 〈시티 라이트 City Lights〉에서 찰리 채플린이 권투 시합을 벌이는 모습을 지쳐 쓰러질 때까지 보았다. 영원히 반복되는 되감기. 시계가 돌아간다. 댕. 운명의 종이 금 간 소리를

낸다. 댕. 시작이야. 순백의 링 위, 주인공과 그의
적수와 심판이 민첩한 발걸음으로 뛰어든다.
시작이야. 빨리, 빨리. 시작이야. 셋은 리듬에
맞춰 엉키고, 미끄러지고, 뛰어오른다. 주인공,
심판, 적수가 짜맞춘 듯 하나가 되어서는 엄밀한
질서를 이루며 삼각 모양의 춤을 춘다. 진짜
웃기다. 주인공이 적수와 함께 돌고 있는 심판
뒤에 숨고, 혹은 적수가 심판에게 딱 달라붙어
주인공과 대치하고, 혹은 심판이 주인공과 보조를
맞추어 적수와 대치한다. 빗나간 펀치는 매번,
쿵, 오히려 과녁을 명중시킨다. 아, 그런데 너무
빨라! 정신없이 붕붕대는 바이올린과 신경을 긁어
대는 피리 소리. 너무 웃겨서 폭소를 터트린다.
적수, 주인공, 심판은 잘 조율된 부조화 속에서
정확하게 어긋나고, 뛰어오르고, 하나 둘, 쿵, 셋
넷, 실로 꿰맨 듯 언제까지나 촘촘히 붙어서 함께
뛰어오른다. 그 익살스러운 서스펜스 안에 생의
예외 상태―그 안 어딘가는 미쳐 있는 듯하다―가
담겨 있고, 주인공의 점프 안에 삶 전체가 들어
있다. 댕, 다시 시작. 춤추는 듯한 얽힘, 펀치와

피하기 동작, 생의 도약. 눈물 날 만큼 웃기다. 쿵, 다시 시작. 그러는 동안 우리는 거기서 변장한 죽음을 찾아본다. 죽음은 거기 링 위 어딘가에 있을 테니까. 그럴 수밖에 없을 테니까. 그렇다는 쪽에 권투 글로브를 걸 수도 있으니까. 죽음은 여기, 바로 여기 있다. 그가, 그리고 내가, 차례대로 주인공, 심판, 적수가 되고, 우리 둘은 그 셋 모두가 되고…… 죽음, 쿵.

    임종을 이틀 남긴 날 아침, 잠에서 깬 그가 말했다. 무서워. 존재하는 모든 것의 정확한 중심이 소리 없이 무너졌다. 나는 몹시 부드럽게 그의 손을 잡으며 할 말을 가늠해 보았다. 나는 공포가 낸 그 끔찍한 상처를 씻어 주고 또 싸매 주고 싶었다. 그 일은 오로지 말로만 할 수 있었다. 나는 말을 찾으려 했다. 하지만 내게는 말을 찾아낼 힘이 없었다. 한 사람의 삶의 의미가 거기에, 그때 내놓을 말에 달려 있었는데도. 그게 바로 배신이었다. 그 말이 우리에게 남겨진 마지막 피난처였음에도, 그걸 찾아낼 힘이 내겐 없었다.

영화감독 니콜라스 레이는 스프링 노트에 일기를 쓴다. 그는 지쳤고, 죽음의 문턱 앞에 있다. 그가 쓴다.《수전이 오늘 B 박사에게 물었다. "어떻게 해야 공포를 극복할 수 있을까요?" 그 질문은 그녀 자신을 위한 걸까, 나를 위한 걸까? B 박사가 나를 바라보며 말했다. "**대면**해야 합니다." 그건 좀 애매한 말이었다. 아마도 두려워하는 대상을 정면으로 마주하라는 뜻이었을 것이다. 하지만 그렇게 해서는 고통을 진정으로 치유하지 못한다. 그렇다면 사랑은? 사랑으로 공포를 다스리는 쪽이 더 낫지 않을까? 사랑하고 싶어 하는 그 마음만 가지더라도 도움이 될 것이다. 사랑하는 척만 해도 도움이 될 것이다.》황폐한 마음에는 어떤 간계를 써 보는 것도 나쁘지 않다. 거짓된 말조차 도움이 될 수 있다. 그런데 나는 바보처럼 진실한 말을 찾으려 했다. 죽음의 진리에 대해 진실한 말을 하고 싶어 했다. 하지만 우리가 뭔가를 선택할 방도가 있기는 할까? 공포는 오로지 속임수의 힘찬 도약으로만 극복할 수 있다. 최후의 몸짓, 최후의 위엄 있는 행위, 그것은 죽음을 마주하고서도 죽지 않을 것처럼 연기하는 일인지도 모른다.

　불쑥 클로즈업된 네 얼굴이 떠오르며 생각을 끊임없이 습격한다. 아무런 예고도 없이 네가 내게로 몸을 숙이고, 근시인 두 눈으로 가까이에서 나를 응시한다. 책을 눈앞에 두고 읽던 그 모습 그대로다. 책에 푹 빠진 네 얼굴과 몰두하는 몸짓, 그 아픈 이미지가 마음을 흔들어 놓는다. 언제나 다정함이 어려 있던 그 깊은 푸른색 눈동자가 내보이는 둥그스름한 빛깔에는 선량함의 색이 담겨 있었다. 그 시선이 내 눈을 들여다보면, 마치 껴안는 듯하고─아냐, 안 돼, 멈춰, 그건 안 돼, 됐어─……그리고 어떤 날에는 죽음에 씻겨 나간 네 얼굴이 매 순간 떠오른다. 관 안에 누운 시신의 엷은 미소처럼 인위적인 미소를 띠고─그만해. 돌연 난입해 오는 장면들도 있다. 삶의 평범한 순간들. 아무것도 아닌 듯 건넨 몸짓과 작은 선물들 속에서 표현되는 일상의 찬란함. 집의 반대편 끝에 있던 네가 갑자기 나타나 말한다. "재채기하는 소리가 들렸거든. 그게 왠지 마음이 쓰여서 왔어."
사랑에 형식을 부여하는 사소한 것들의 작은 성찬.
내가 네게 했던 말들은 너와 함께 어둠 속에 갇혀
있다. 그리고 네가 내게 했던 말들은 내가 있는
모든 곳에서 증발해서는 가벼운 눈송이가 된다.
나는 그것을 향해 손을 내민다.

　　이 난폭하고도 짧은 임종의 고통
한가운데에서 어머니가 세상을 떠났다. 그녀에
대해, 그녀의 삶과 죽음에 대해 이야기하고 싶었던
유일한 사람이 그였는데. 그에 대해, 그의 죽음과
삶에 대해 내밀하게 이야기하고 싶어질 만한
유일한 사람이 바로 어머니였을 것 같은데. 그게
다였다.

　　저녁, 집 안 한가운데에 자갈이 쏟아지듯
슬픔의 무더기가 무너져 내린다. 나는 이 방에서
저 방으로 움직인다. 문을 열고, 어둠 속을
바라보았다가 ─ 재앙은 여전히 거기에 있다 ─,
다시 문을 닫고, 돌아서고, 정돈하고, 바라보고,

침실로 들어가고, 나오고 — 공간 속을 분자적으로
이동한다—, 침실로 다시 돌아가고, 창가로 간다.
이제 나는 어머니가 그랬듯 혼자가 되었다. 그래서
모든 것 하나하나에 충분한 시간을 들이려고 느린
속도로 움직인다. 거울을 보면 내 모습 아래로
그녀가 비친다. 죽은 지 얼마 되지 않은 그녀를
내가 대신하고 있다. 하지만 너는…… 네가 그럴
리가 없어. 네가 죽을 수 있을 리 없어. 넌 곧 방으로
들어올 거야. 모습을 드러낼 거야. 나는 복도를
걷는 네 발소리를 다시 듣게 될 거야. 너는 배가
고플 테고, 나랑 수다도 떨고 싶을 거야. 그래서
내게 말하겠지. 책을 읽었어. 아니면, 그거 봤어? 넌
이야기할 거고, 걱정할 거고, 궁금해할 거고, 웃을
거고, 그러다 다시 일을 하러 돌아가겠지. 정적이
찾아오겠지. 그리고 어둠이.

영화 한 편이 있다. 필름 하나가 너의 아주
작은 일부를 담아냈다. 서른다섯 살의 너는 숨
막히게 매력적이고 눈부시게 아름답다. 매미의
울음소리가 울려 퍼지고, 너는 붉은 파라솔 아래

앉아 있다. 너의 친구 라울 루이즈의 영화에 나오는 그 장면은 몇 분 남짓이다. 제목은 〈살아 있는 현존 La Présence réelle〉이다. 그걸 발견한 건 우연이었다. 경악. 네 현존의 한 조각. 모든 것이 멈췄다. 너는 거기에 있다. 여기서는 네가 있다는 그 말이 거짓이라는 점, 그 점은 인정한다. 하지만 네 형상, 아니, 형상 이상의 것, 너의 현존이 새겨진 그 화학 작용 안에서는 네가 있다는 말이 엄밀한 참이다. 영화는 오로지 너를 존재하게 하기 위해서 발명된 게 아닐까? 영원한 삶에 대한 믿음이 힘을 잃고 천국이 쓸모를 다하게 되자 필름이 그 자리를 이어받았고, 이제 필름에 깃든 유령들은 마치 휴양지에 다다른 듯 언제까지나 거기 머물게 되었다. 불행했던 빅토르 위고는 영화를 몰랐다. 그에게는 가족이나 친구의 카메라가 포착할 수도 있었을 이미지, 죽은 딸의 살아 있는 이미지가 없었다. 아아, 아찔하다. 다시 본다는 것, 하나의 얼굴을, 걸음걸이를, 표정을, 매력을, 다시 본다는 것, 그것은 고통이자 은총이다. 위고가 아는 것이라고는 드 지라르댕 부인이 참여를 권한

교령술뿐이었다. 저지섬[4]에서는 밤이 오면 소규모 망명자 공동체가 상판이 돌아가는 탁자 앞에 모여 망자들과 이야기를 나눈다. 나는 그들이 부럽다.

1853년 9월 13일 화요일
"믿어라." 그림자가 말했다.
"무엇을?"
"미지의 것을."
"미지의 것이 무엇인가?"
"가득 찬 공허."

1854년 3월 30일 목요일
"누구인가?"
"당신이 기다리는 자."

1854년 3월 25일 토요일
탁자가 돌아가기 시작한다.
"이름을 말하라. 당신은 누구인가?"
"행복."
"그렇다면 어서 오라!"

---

4   빅토르 위고는 1851년 나폴레옹 3세의 쿠데타에 반발하다 국외로 추방당했고, 이후 프랑스와 가까운 영국령 채널 제도에 머물며 19년에 걸친 망명 생활을 했다. 『레 미제라블』 등의 걸작이 이 시기에 집필되었다.

잠시 후
"행복이여, 아직 거기 있는가?"
탁자가 다시 돌아가기 시작한다.
"대답하라."
더 이상 움직임이 없다.
"거기 아직 누가 있는가?"
탁자는 이제 움직이지 않는다.

    나는 그가 읽던 책을 펼쳐 읽고, 그가 보던 드라마를 이어 본다. 그가 끝까지 보지 못한 드라마 중에는 〈레프트오버 The Leftovers〉라는 게 있다. 인류의 일부가 어느 날 돌연 사라져 버리는 이야기다. 손가락을 튕기는 동작 한 번에 어떤 대상이 지워져 버리듯, 그들 ― 남자, 여자, 아이들 ― 은 한창 일상을 영위하다가 갑자기 무언가에 붙들려(죽은 것일까?) 사라져 버린다. 그들은 애도하는 자들로 가득한 세계를 남긴 채 문자 그대로 지워진다. 사람들은 미쳐 버리지 않기 위해 저마다 어떤 식으로든 삶의 방책을 세운다. 부정, 폭력, 자기 폐쇄, 마술…… 온갖

상황과 행동이 일어난다. 누군가는 신흥 종교를 세운다. 누군가는 묵언 서약을 한다. 누군가는 끝나지 않을 살인 행각을 시작한다. 누군가는 절대 사라지지 않으리라는 확신을 주는 장소를 찾아 나선다. 또 다른 누군가는 사라진 이들을 대신할 인형을 만들어 내려 하고, 이를 위해 매우 정교한 물질을 개발한다. 새로 출시된 상품의 론칭 파티가 한창일 때, 한 남자가 마치 살아있는 것 같은 누운 몸 곁에서 자신의 사자死者 합성 재현 사업을 설명한다. 그는 샴페인 한 잔을 들이켜더니 인형이 생전의 그 사람과 얼마나 닮았는지, 또 피부결과 형태와 재질이 얼마나 사실적인지를 강조하기 위해 인형 위로 몸을 기울인다. 그러고는 거창하게 선전한다. "우리는 어느 한 사람을 그 사람답게 만드는 모든 디테일을 하나하나 되살려 냅니다." 이어서 그는 남겨진 이들에게 말한다. "저는 여러분이 이걸 가졌으면 좋겠습니다. 무언가 진짜인 걸 말이죠." 그를 그답게 만드는 것……
글쓰기, 그것만이 유일한 진짜다.

어려운 일이다. 밤이 오면, 어둠이 어디에
떨어지건, 기억이 머뭇거리며 전진하기 시작한다.
기억은 이미지가 지나치게 또렷해지는 순간
뒷걸음칠 만반의 준비를 하고 있다. 우리가 바라는
거라곤 딱 하나, 이미지가 가능한 한 뚜렷해지는
것인데도. 그것이 예전 그대로의 모습으로
완벽하게 같은 살결을 하고 되살아나는 것인데도.
우리는 그 무게, 숨결까지 원하는데도. 영혼이
다시 육신을 입기를 바라는데도. **돌아와, 돌아와.**
우리는 신중하고도 집요하게, 탈진할 때까지 훑어
간다. 목덜미, 어깨, 동그란 귓불— 네 부드러움이
담긴 추상의 조각들을. 우리는 천천히 나아간다.
우리는 토막들을 소환한다. 네 목덜미를. 내가 자주
기대곤 하던 단단한 네 어깨를. 어린 시절 나는
사랑에 빠진 여자가 그런 포즈를 지은 걸 본 적이
있다. 앉아 있는 남자는 건장했고, 그에게 몸을
기댄 채 서 있는 여자는 무언가를 소유한 이들이
내보이곤 하는 의기양양한 얼굴로, 자신이 가진
게 무엇인지 아주 정확히 아는 모습으로, 남자의
어깨에 손을 얹거나 두 팔로 그를 감싸안았고,

그의 목에 입 맞추었고, 웃었고, 그의 머리카락
위에 뺨을 댄 채로 말을 이어 갔다. 미끄러지듯
두 팔이 스치고, 가볍게 손을 얹고, 잠깐 기대는
몸짓. 나는 그 장면을 보았다. 하지만 그건 내가
만들어 낸 장면이기도 하다. 그 몸짓은 사랑의
몸짓이자 소유의 몸짓이었고, 하나로 녹아
들어가는 몸짓이었으며, 가장 평범한 몸짓,
소유하고 녹아드는 몸짓이기도 했다. 언젠가 나는
기차에서 내 뒤에 앉은 두 남자가 나누는 대화를
들었다. 한 남자가 다른 남자에게 권투 선수의
경기복은 왜 세탁하지 않았을 때 훨씬 더 가치가
있는지 설명하려 애쓰고 있었다. 그러자 다른
남자가 갑자기 의심스럽다는 듯 물었다. "그러니까
네 말은…… 땀이 중요하다는 거야?" "그럼,
땀이 중요하지. 우리는 땀도 핥을 수 있을 만큼
그들을 우러러본다고. 그게 아니면 뭐겠어?" 그의
어조에는 엄청난 거만함과 경멸이 어려 있었기에,
상대방은 자신이 지금껏 사랑에서 가장 고귀한
부분을 모른 채 살아왔다는 사실을 그날 처음으로
깨달았을 것이다. 그 몸짓들. 나는 네 손길이

스쳐 간 모든 물건에 입 맞춘다. 네 안경테를,
네 펜을 핥는다. 네 책의 내지에 입 맞추고, 네
이름에, 네 책 표지에 적힌 네 이름에도 입 맞춘다.
사랑에 대해 알아야 할 것은 하나도 없다. 죽음에
대해서도 마찬가지다. 우리는 무지 속에서 사랑과
죽음을 향해 기어가지만, 그때 우리가 따르는
건 틀림없는 본능이다. 살결, 미끄러움 - 그만해.
생각이 폭주한다. 생각은 너의 형체와 질료를
속속들이 복원하려 한다. 너의 체적, 피부결, 체취,
집게손가락, 무릎, 그리고 네 성기를 복원하려
한다. 하지만 네가 살아 있을 때는 금방 떠오르던
네 몸이, 이제는 그걸 복원하려는 어마어마한
노력과 실패를 거친 후에서야 간신히 떠오르고,
떠오르자마자 그 모든 게 무너져 흩어진다. 더 멀리
나아갈 수가 없다. 내가 너의 삶과 죽음 사이를
빈틈없이 가로막고 있는 허무에 부딪혀 찢기지
않고서는.

여기서는 이따금 모든 것이 환하게 빛난다-
너는 그걸 보지 못하겠지만. 나는 사물의 아름다움

속에 머물러 있어야만 한다. **하지만 다시는. 이제
다시는.** 이 어둠을 벗어나기 위해, 이 어둠에서
나를 뜯어내려면 막대한 노동이 필요하다. 이 죽음
같은 정지 상태에서 빠져나오려면 정신이 막대한
노동을 치러야 한다. 나는 식물원에 갇힌 커다란
원숭이처럼 꼼짝없이 쭈그려 앉아, 우연히 열린
지붕 틈으로 드러난 작은 하늘 조각에 집요한
시선을 고정한다. 헐거워진 철판 사이로 스며드는
가느다란 창공의 빛, 그 조각 속에는 세계가,
기호로서가 아닌 세계 그 자체가, 온전히 담겨 있다.

헨리 제임스가 쓴 『죽은 자의 제단』의 주인공
조지 스트랜섬은 죽은 약혼녀를 비롯해 세상을
떠난 소중한 이들을 기억하기 위해 빛으로
가득한 예배당을 바치겠다는 생각을 떠올렸다.
그때 그 생각은 작은 황홀경과도 같았다. 《그는
모든 것을 미리 상상했다. 특히 그 예배당이
일상의 사이사이와 해 질 녘 그에게 어떤 빛을
가져다줄지를, 세상의 무심함 속에서 어떤 안전을
담보해 줄지를.》 헨리 제임스는 늘 그랬듯 저

거창한 생각을 곧바로 세심하게 흐트러뜨린다.
조지 스트랜섬이 그러한 구상을 떠올린 건 도처에
퍼진 무정함에 대한 두려움과 세상이 나를
적대할지 모른다는 생각에서 벗어나게 해 줄
"안전함"을 찾고자 하는 욕망 — 우리는 그 욕망을
이해할 수 있다 — 때문이기도 했지만, 그보다도
그는 이 구상을 "담보로" 일상 사이사이의 공백을
채우려 했던 것이다. 어쩌면 우리가 글을 쓰는 것도
스트랜섬이 애도의 밤에 빛을 밝혔던 것과 같은
원초적 이유 때문일 것이다. 헌신이 아니고, 성찰도
아니며, 심지어 위안을 얻기 위해서도 아니다.
우리가 글을 쓰는 건 서사에 대한 취향 때문이
아니라 권태 때문, 일상 사이사이의 무미건조한
시간의 흐름 때문이다. 우리는 예배당을 짓겠다고,
제단을 세우겠다고, 불을 밝히겠다고 말하지만,
사실은 시간을 소모하기 위해 글을 쓴다. 우리는
글을 쓴다. 모든 것을 보는 듯 아무것도 보지
않으면서 매장 통로를 거닐 때처럼. 대로변
나무들의 무성한 잎사귀 틈으로 스며드는 바람의
소리를 들을 때처럼. 어디서나 마주치는 커플들,

하지만 생각보다는 훨씬 드물게 보이는 그들을
바라볼 때처럼. 이를테면 저 크고 건장한 남자가
아내의 어깨에 단단히 팔을 얹고 있지만 아내는
슬며시 그에게서 벗어나려 하는 모습을, 복도에서
오랫동안 키스를 나눈 후 입술 끝을 재빨리
훔치는 남자의 몸짓을, 젊은 여자들의 갑작스러운
포옹을 바라볼 때처럼. 그리고 우리는 나일론
옷감의 스침 속에서 서로를 다시 발견한 영혼이
내는 가벼운 마찰음을 듣기도 한다. 이런 것들이
우리가 하는 일이다. 우리가 글을 쓰는 것은 우리가
침묵 속에서 세상을 바라보기 때문이며, 세상이
우리를 한가하게 내버려두기 때문이다. 내가 다음
책의 주제를 겨우 더듬고 있을 때 그가 말했었다.
시작해. 해 보는 거야. 용기를 내. 곧 알게 될 거야.
처음 몇 페이지만 써 봐. 그런 뒤에 이야기해 보자.
그때 우리는 알 수 있었을까. 그 페이지들이 그의
죽음에 대해 이야기하게 되리라는 것을. 무슨 수를
써도 해낼 수 없다. 다른 어떤 일로도, 다른 어떤
방식으로도, 이 시간을 죽일 수는 없다.

창공의 빛을 따라

어느 날 밤 너의 상태가 급격히 나빠져서 응급 구조를 요청했다. 전화기 너머에 있던 몹시도 엄격한 목소리는 그가 어떤 치료를 받는 중이냐고 물었고, 나는 최근의 검사 결과를 전달했다. 메모를 받아 적은 뒤 통화를 마무리하던 목소리는 지금 그의 상태가 무척 위중하다고 대놓고 통보했다. 그 무렵 나는 그즈음의 모든 것이 번개처럼 한순간에 지나가 버렸다고, 그래서 내가 상황을 이해할 만한 겨를을 얻을 수가 없었다고 생각하고 있었다. 하지만 그 목소리는 내가 알지 못했던 것, 어쩌면 알기를 원치 않고 알 수도 없었던 것을 냉혹하게 발설해 버렸다. 너무 갑작스럽고 엄청난 일이어서 울음을 터뜨렸다. "들으세요, 부인." 화를 억누르며 목소리가 말했다. "남편을 살리고 싶으면 울음을 그치세요." 그 후로 나는 이 금지를 잊지 못하게 됐다. 그를 구하려면 울지 말 것. 피하지 말고 울지도 말 것. 다음 날, 그는 의사들이 자신의 굳어 버린 몸 깊숙한 곳에서 헛되이 혈관을 찾으려 애쓰던 병원의 지하층 어딘가에 머물다가 병실로 다시 올라왔고, 나는 그에게 너무 고통스럽지 않았냐고 물었고, 그는 대답했다. "이젠 아픈지도 모르겠어. 한 가지 생각뿐이었어. 네가 너무 많이 울지 않아야 할 텐데." 이미 늦었다. 모든 게 부서져 가라앉았다. 어둠 속에서 겨우 모습을 드러낸 험난한 길 위에서, 나는 너를 끌어안고 싶었고, 다시 우리의 삶으로 데려오고 싶었고, 모든 것들로부터 너를 지키고 싶었다. 너를 향해 돌아선 나는 네 연약한 몸과 무력하고 슬픈 시선을 마주하고선 아연해질 수밖에 없었다. 나는 눈물을 멈추지 못했다. 흐느낌을, 고삐 풀린 울음을 멈출 수가 없었다. 나는 너를 구할 수 없었다.

두 손에 얼굴을 묻는다. 눈물이 가능한 모든 형태로 터져 나온다. 소리치며 울 때는 몸이 흔들린다. 이 유난이 수치스럽다. 이 왕성함을 어떻게 막을 수 없어서 수치스럽다. 강인한 정신력으로 억누르려고 애써 보지만, 삼키고, 다스리고, 맞서려고 애써 보지만, 울음이 시작될 때나 계속될 때는 그 무엇으로도 손써 볼 도리가 없다. 우리는 침착하고 강인하게 의연함을 연기할

수 있을 거라 믿었지만, 길을 걷다가, 회의 중에,
열차를 타다가, 책을 읽다가, 이야기를 나누다가,
돌연 하나의 이미지가 떨어지니, 그 하나의
고정된 이미지는 나머지를 전부 보이지 않게
만들고…… 아니야. 떨어진 건 이미지가 아니야.
내가 추락했어, 형체 없는 물질 속에 내가 떨어진
거야. 나는 그 이미지로 직조되고, 그 수의壽衣
안에서 숨이 막히고, 생각 속에서 허물어지고,
숨이 막히고, 그렇게 눈물이, 피할 수 없는 오열이
오고, 몸은 휩쓸려 내려가고, 그렇게 어떤 명령이나
지시도, 어떤 위협조차도 붙잡을 수 없는 추락이
오게 된다. 억누를 수 없는 분출. 아마도 그것이
우리가 몸이라고 부르는 것—어쩌면 생각까지
포함해서—을 최소한으로 정의하는 방식인
듯하다. 제지할 수 없는 것. 나는 눈물이 감성이
아니라 감정에서 비롯된다고 읽은 적이 있다.
하지만 그게 무슨 말인지 조금도 이해하지 못한다.
눈물은 생각에서 온다. 고상하고 어두운 숲이
아니라 얽히고설킨 것으로부터, 굵은 끈으로 묶어
놓은 시커먼 고무 덩어리와 닮은 것으로부터

온다. 덩어리를 이루는 부분 하나하나는 탄성을
가지고 있어서 제 본래의 대상에게 되돌아가려
하고, 얽히고설킨 이 몸 안의 다른 몸은, 때로는
형태가 정해지지 않은 뭉텅이 꼴을, 때로는 각진
입방체 꼴을 하고 끝없이 나를 너에게로 데려간다.
고통받는 네게로, 죽어 가는 네게로, "죽어 간다"는
말에 담겨 있는 그 정신 나간 생각들로, 재앙을
향해 전진하는 현재의 혼돈 속으로, 오직 네게만
현전하는 고통이라는 현재로, 너의 현전이
뒷걸음쳐 사라져 가는 현재로, 고독 속에서 버티는
네 현전을 둘러싼 혼돈으로. 너는, 혼자 외로운
너는, 아아, 고통 속의 현재 속에서 혼자인 너는,
죽음이 너를 데려가는 그 시간 속에서 희망 없이
혼자인 너는, 그 사라짐 속에서 혼자인 너는, 아아,
홀로 외로운 너는. 눈물은 기억에서 나오는 게
아니며, 저 모든 잃어버린 것들로부터 나오는
것도 아니다. 위로할 방법이 없는 눈물은 경악과
침묵 속에서 느껴지고 되새겨진다. 눈물은 함께
나눌 수 없는 네 고독과 고통에서 온다. 눈물은
나의 무지에서, 절대 함께 나눌 수 없음에서, 다시

한번 너의 고통과 비명에서 오고, 우리의 혼란과 무력함에서, 내가 찾지 못했던 말들에서 오고, 다시 한번 네 고독에서 온다. 눈물, 눈물, 그건 내 안에서 아파하는 네 영혼이다. 나는 그게 감성인지 아니면 감정인지 모르겠지만, 내 온몸이 혼을 다해 울고 있다는 건 알고 있다.

나이 지긋한 노老철학자가 카메라를 향해 앉아 있다. 그는 질문을 받은 뒤 한참 골똘히 생각한다. "해답 없는 질문들이 있습니다. 해결하지 못해서가 아니라, 애초에 해답이라는 게 존재하지 않아서죠. 모든 질문에 해답이 있는 건 아닙니다. 예를 들면, 영靈과 육肉 사이의 관계가 그렇습니다." 누군가 그의 삶에 대해 질문하고, 그가 말한다. "제 생각에 한 사람의 삶에서 본질적인 게 있다면…… (침묵) 그건 아내입니다. (침묵) 다른 어떤 것보다 더 중요하죠."

또 다른 장면. 이란의 영화감독 모흐센 마흐말바프가 자신의 영화에서 자신을 연기한다.

캐스팅에 관한 영화다. 오로지 캐스팅 이야기만 다루는 영화. 그 핵심은 우리가 우리 아닌 다른 존재가 되는 과정을 스크린에 담는 것이다. 영화는 진짜인 것과 가짜인 것에 대해, 그리고 진정으로 진짜인 것에 대해, 다시 말해 영과 육의 관계에 대해 말한다. 지원자는 많다. 수천 명이 각지에서 몰려든다. 마흐말바프는 아주 대단한 감독이다. 그는 어떤 선택을 할까? 잠시 후, 그는 자리에서 일어서며 무심히 말한다. "울 수 있는 사람만 남으십시오. 나머지는 가셔도 좋습니다."

나는 미치지 않았다. 하지만 혼자 이 집에 있는 게 너무 힘들어서 때로는 반드시 너를 떠올려야 한다. 저녁이 오고, 나는 집에 들어선다. 네가 거기 있다. 너는 복도 끝, 네 서재에서 일하는 중이다. 너는 문을 닫아 놓은 채 글을 쓰고 있다. 나는 부엌으로 가서 차를 끓인다. 이따금 네가 기침하거나 콧노래를 흥얼거리는 소리가 들린다. 너는 곧 내게 올 것이다. 나는 장면을 꾸며 낸다. 너는 막 이런 문장을 쓴 참이다. "극장은 저게 진짜라며 자신을 속이지 않고서도 믿을 수 있는 장소다." 모든 것이 고요하다. 나는 미치지 않았다. 나는 네가 여기 없다는 걸 안다. 네가 이제는 어디에도 없음을, 네가 지금 있는 그곳도 사실은 존재하지 않는 장소임을 안다. 나는 알지만, 네가 현전한다는 허구가 나를 조금이나마 쉬게 해 주고, 네 영원한 부재가 가져오는 공포를 덜어 준다. 나는 꾸며 낸 것을 믿는 체한다. 내가 믿도록 그냥 내버려둬. 오래가지는 않을 거니까. 네가 현전한다는 증거가 있어. 넌 방금 자리에서 일어났잖아. 네가 의자를 미는 소리를 들었고, 네 발소리도 들었거든. 하지만 서재 문이 열리는 소리는 못 들었어. 나는 거기서 멈춘다. 멈추지 못하고 계속 나아가는 사람들도 있다. 그들은 들을 뿐만 아니라 보기도 하고, 말을 나누고, 만지기까지 한다. 그들에게 탄복한다. 하지만 나는, 용기가 부족한 나는, 서재 문 뒤에 그대로 너를 남겨 둔다. 나 혼자서는 그 문턱을 넘을 수 없다. 아이네이아스는 한 손에 황금 가지를 들고 저승에 들어갔다고 한다. 내게도 아이네이아스의 황금

가지가 필요하다.

    하지만 그러면서도 나는 너를 말할 때 세심하게도 과거형을 쓴다. 모든 걸 헝클어뜨려선 안 되니까. 나는 너를 배신한다. 모든 걸 헝클어뜨려선 안 되니까. 내게는 네가 여전히 현전하지만, 나는 끊임없이 네가 부재한다는 신호를 보내야만 한다. 기막힌 일이지만, 이 신호가 다른 사람들을 안심시킨다. 죽은 사람을 현재형으로 말하면서도 미친 사람처럼 보이지 않으려면 새로운 문법 시제, 새로운 동사 변화를 발명해야만 할 것이다. 아니, 내가 틀렸다. 너를 현재형으로 말한다 해도 아무것도 나아지지 않는다. 입을 다무는 편이 낫다. 죽음은 몹시도 진부하게 들리니까. 이따금 가벼운 대화 중에 누군가가 죽은 자를 추억할 때, 그의 습관과 일화와 말들―그라면 이렇게 말했겠지, 그녀라면 이렇게 했겠지―에 대한 기억을 떠올릴 때, 과거의 나는 그걸 이해하지 못하고 지루해하곤 했다. 그런데 이제는 내가 그렇게 되어서, 매 순간 대화 속에

너의 자리를 마련하려 한다. 마치 절개節槪를
지키듯이. 하지만 나는 그런 의도를 비밀처럼 숨겨
놓아야만 한다는 사실을 배운다. 비밀처럼 숨겨
놓아야 할 것들— 너의 찬란함, 머뭇거림, 사유의
날카로움, 용기와 부드러움, 취미였던 스키와
천체물리학, 아이들을 향한 사랑, 대화를 나누던
방식, 마음이 움직일 때, 격해질 때, 침묵에 잠길
때, 잠이 들 때의 방식, 웃던 방식, 그 웃음소리의
음조, 네 손가락 끝으로 내 손가락 끝을 만지던
방식, 수줍어하고, 불행해하고, 서툴거나 위엄 있는
존재가 되던 방식, 네가 사랑하던 방식, 사랑하던,
나는 이 목록을 끝맺지 못할 것이다…… 내가 아는
것들을 모을 수 있는 장소는 오직 글쓰기뿐이다.
글쓰기는 이 증언의 유일한 질료이자 대지, 상자,
육체다. 나는 쓴다. 나는 필사적으로 이 질료를
긁어 댄다. 파묻힌 것의 흔적을 찾는 동물처럼,
네게 데려다줄 발자취를 찾는 동물처럼, 혹은 네가
전에 이야기해 주었던, 오랜 시간이 흐른 뒤에도
거품만으로 익사자의 존재를 감지해 내도록
훈련받은 구조견처럼. 내가 꼼짝하지 않는 커다란

원숭이이기를 그칠 때, 나는 훈련을 제대로 받지 못한 늙은 개가 되어 강가를 달린다. 강가를 달리며 너를 찾는다.

대답해 줘. 널 부르는 내 목소리를 들어 줘.

너. 너를…… 나는 다른 방식으로 말할 수 없다. 아버지를 잃은 네가 관 주위에 모인 가족과 친지들 앞에서 추도사를 했을 때, 너는 죽은 사람에게는 "너"라고 말할 수 없다고, 네 이성이 그걸 거부한다고 말했다. 맞는 말이다. 죽은 사람에게 말을 걸고, 상대가 여기 있지 않다는 사실을 외면하는 건 사리에 어긋나는 짓이다. 연극 속 그로테스크한 방백. 그럴지도 모른다. 여기서도 가끔 나는 너를 "그"라고 말한다. 그러려고 애를 쓴다. 너를 일반화하고, 허구화하고, 사회학적 데이터나 소설 속 인물로 만드는 일을 멋지게 해내고 싶어 한다. 하지만 그 결심은 오래가지 않는다. 나는 네 죽음 안에서 너와 하나가 되어 있다. 다르게는 할 수 없다. 너를 죽음 안에서 추상화하는 것, 죽음 안에 있는 네 이름을 차분하게 가리키는 것, 아직은 그렇게 할 수 없다. 나는 불행하게 울부짖는 것 말고는 어떤 식으로도 표현하지 못한다. 1970년대 몽주 광장의 연기 자욱한 간이식당에서 매일 홀로 아침을 먹던 이탈리아인 망명자처럼. 고국을 향한 향수를 더는 참을 수 없었던 그는 어느 날 자리에서 벌떡 일어나 목멘 음성으로 고향의 이름을 외쳤다. 풀리아, 풀리아! 나도 그처럼 일어나 외친다. 너, 너!

"레몬 나무 꽃이 피고
어두운 잎 사이로 황금빛 오렌지가 맺히며,
창공에서 바람이 부드럽게 부는,
짙은 은매화와 당당한 월계수들이 있는 그 나라를
아시나요?
그곳을 아시나요, 말해 줘요
─저기, 바로 저기예요
당신과 함께, 사랑하는 이여, 내가 가고 싶은 곳은"[5]

아버지를 잃고서 너는 말했다. "저는 죽은

사람을 향해 말을 걸지만, 이 말이 전달되는 상대는 산 사람들입니다." 그리고 질문했다. "애도하는 자는 누구에게 말하는 걸까요? 그가 죽은 사람을 향해 말을 건네려 할지라도, 결국은 살아 있는 사람에게 말하는 게 아닐까요? 그는 살아 있는 사람 각자 안에 있는 죽은 사람에게 말을 걸고, 자기 안에 있는 감당할 수 없는 무언가를 향해 말을 겁니다. 그렇게 거기에서 삶을 끌어내는 것입니다." 우리는 숨을 죽였다.

나를 위로하려던 몇몇 사람은 죽음이 버림받는 것과 똑같다고 설명하기도 한다. 한 친구는 열렬하게 사랑하던 사람이 떠나고서 빠져들었던 우울에 대해 세세하게 이야기해 준다. 그녀가 말한다. 네가 어떤 고통을 겪는지 알아. 나도 똑같은 걸 겪었었거든—그녀는 똑같은 것이라고 말한다—. 끔찍하지. 시간이, 아주 긴 시간이 필요해. 하지만 결국엔 괜찮아질 거야. 날 보라구…… 그녀는 눈을 내리깔고서 말한다. 그 포즈는 자신이 파렴치한 말을 하고 있다는 자각이

5   괴테의 『빌헬름 마이스터의 수업시대』에 나오는 시, 「미뇽」이다.

아니라, 완전히 그와 반대의 것, 나를 향한 과장된
배려를 표현한 것이다. 그녀는 자신이 내가 겪지
못했던 일을 경험해 보았다고 믿고, 내가 아직
모르는 것을 안다고 믿는다. 그 믿음은 그녀로
하여금 자신을 지우는 듯한 미묘한 방식으로
말하게 한다. 나는 그녀에게 그 점을 설명해 주려다
그냥 내버려둔다. 그럴 힘이 없다. 그는 죽었다.
나는 버림받지 않았다. 내겐 계속해서 되씹어야 할
분노도, 회한도, 비난도, 쓸쓸함도 없다. 내겐 오직
하나뿐, 없음뿐이다. 조용히 무너져 내렸다가 다시
형성되고 또다시 무너져 내리는, 거대하고 끔찍한
없음. 여기에 생각은 부재한다. 내겐 오직 두터운
물질뿐, 휘저어야 할 만큼 두껍게 들어차 있는 온
하루의 일과뿐이다. 죽음. 그의 얼굴 가장자리의
죽음. 우리는 정말 헷갈릴 수도 있을까? 정말로
산 자와 죽은 자를 혼동할 수 있을까? 선생님처럼
그 차이를 설명해 줘야 똑바로 구별하게 되는
걸까? 단순명료하게, 산문적으로 하나하나 설명해
줘야 하는 걸까? 나와 떨어져 멀리 낯선 곳에라도
'있는' 편이 낫다고. 살아만 있다면, 아아, **살아**

있기만 하다면. 거리에서 우연히 그를 마주칠 수 있다면, **그럴 수만 있다면**. 그를 알아보고, 그를 바라보고, 심지어 피해 갈 수만 있다면. 만날 시간을 잡고 장소를 정할 수만 있다면. 그를 다시 만날 꿈을 꾸고, 멀리서 다가오는 모습을 보고, 그를, 육중하면서도 생명으로 가득 찬 그를, 봄날의 안개 속에서 그가 모습을 드러내는 순간을 볼 수만 있다면. 그녀는 내 바로 곁까지 다가와 있다. 나는 내가 겪는 고통을 겪고 있는 — 본인이 그렇다고 말했으니까 — 그녀를 본다. 그녀의 얼굴은 지치고 불안해 보인다. 아마 내 얼굴도 그럴 것이다. 가구 사이로 마치 늙고 망가진 육신처럼 흘러드는 햇빛은 우리의 대화를 고통스럽게 만든다. 그것은 우리의 말을 휩쓸어 자신의 미지근한 즙 속에 거꾸러뜨리고 우리를 슬프게 한다. 하지만 나는 말없이 그녀의 팔에 손을 얹는다. 우리는 똑같은 존재다. 우리는 모두 도시의 열기 속에서 절망하고 있다. 우리는 맥주를 따고, 정어리 통조림을 연다. 누군가는 죽었고, 누군가는 당신을 떠났고, 무언가가 부서졌고, 실패했고, 도망쳤고,

길을 잃었다. 어떤 것은 여전히 접근할 수 없고
해독되지 않는다. 우리는 똑같은 존재다. 우리는
혼자서 외롭다. 우리는 저마다 애쓴다. 누군가는
원한으로 가득 차 있다. 원한은 격투기만큼의
집중력을 필요로 하기 때문이다. 누군가는 꼼꼼한
정리벽으로 가득 채워진다. 질서는 시간을 필요로
하고 공간을 차지하기 때문이다. 우리는 부엌에
외로이 서서 밥을 먹고, 이 모든 동작은 커다란
공허에 둘러싸여 있다.

 행복한 사람들이 존재한다. 어느 만찬 자리,
왁자지껄한 가운데 한 여자가 안도했다는 듯 환한
얼굴로 외친다. "결핍이 존재해서 다행이에요!"
소란의 틈바구니에서 나는 그녀에게 왜 그렇냐고
묻는다. "결핍이 없다면 행복도 모를 테니까요!"
행복. 결핍이 띠는 완벽한 상태. 귀스타브
플로베르라면 이 표현을 『통상 관념 사전』이나
『세련된 견해 목록』에 실었을 것이다. 거기엔
이런 문장들이 있다. 《살구. 올해도 없을 것이다.》
《검열. 이러쿵저러쿵 말이 많지만, 유용하다.》

《고통. 진정한 고통은 언제나 억눌린 채 존재한다.》
그렇다면 다음과 같은 정의도 집어넣을 수 있을
것이다. 존재하기란 무언가를 결여하고 있기다.
나는 이 문장이 주체를 정의하는 표현이 될 수
있음을 책에서 배워 알고 있다. 아마 내 기억이
맞을 것이다. 물론 그녀와 내가 똑같은 이야기를
하는 건 아니다. 이 여자가 욕망과 그것이 품고
있는 에너지에 관한 일반론을 펼치고 있다면,
나는 너의 죽음이라는 특별한 사건과, 하나의
우물거림으로 변할 때까지 흐려 버리는 하나의
빈곤한 말을, 허공에 대고만 되뇌이는 이 말을
생각하고 있다. "보고 싶어." 하지만 이 여자는
너무도 충만해 보였기에, 나는 잠시, 그녀가 누리는
심리적 사치를 경탄과 부러움 속에서 바라보지
않을 수 없었다. 그것이 그리웠다.

　　나는 한 가족의 어머니였던 내 어머니가
식탁 위에서 날카롭게 외치던 순간을 기억한다.
"불평하지 마. 세상에는 부모한테 얻어맞는 아이도
있고, 굶어 죽는 아이도 있어." 이어 그녀는 『도피네

리베레』의 사건사고란에서 세상의 진짜 불행들을
찾아내고는 쾌감을 억제하지 못하는 목소리로
하나씩 낭독하기 시작했다. 나는 또렷이 기억한다.
이 집안에는 항상 자연을 능가하는 재앙의 위협이
도사리고 있었고, 언젠가 우리 자신이 그런 재앙의
수혜자가 되는 영광을 누릴지도 몰랐기에 항상
겸손해야 했다. 고통, 불안, 의심? 그건 문학이다.
비탄? 지식인들이나 쓰는 말이다. 그녀 자신의
고통을 정당화하기 위해서는 사건사고란의
피가, 때로는 역사의 잔혹함이 필요했다. 문학은
무엇을 위해 존재하는가? [문학이라는] 이 사회적
몰상식은 어떤 소용이 있는가? 롤랑 바르트가
물었다. 문학은 덜 고통받기 위해 존재한다.
《말이라는 새로운 성수聖水는 비통함을 새롭게
한다.》《문학은 말의 과잉을 이용함으로써
고통에 달라붙어 버린 강박관념과 거리를 두고
초연해지도록 하는 작업이다.》 그는 이런 말도
했다. 글쓰기 속에서는 《내밀한 것을 보편과 마주
놓아 자신의 울음소리를 들리도록 한다.》 바르트
덕분에 나는 눈물을 부끄러워하길 그친다. 말들은

나를 달래 주고 보호해 준다. 말들은 내 비탄을
알아 주고, 하지만 그것으로 깃발을 만들지는 않고,
내 고통을 맡길 자리를 허락해 준다. 일본인들이
깨진 도자기를 수리할 때처럼, 말들은 금가루를
뿌린 옻 같은 무언가를 분비해서 파괴되었던 것에
새로운 생명을 부여한다. 말들은 산산이 부서진 내
영혼의 **킨츠기**[6]다.

그의 외투 주머니에서 쪽지를 하나 발견했다.
그때 나는 그의 외투를 개고 있었다. 옷장의 어둠
속에서 굳어 버린 그의 다른 옷가지들과 함께
물건들의 묘지에 집어넣기 위해서였다. 나는
쪽지에 달려들었다. 마지막 단어 하나? 최후의
문장? 영광스러운 최종 장으로 남게 될 찬란한
금언? 쪽지는 그가 생전 마지막 여름에 마지막으로
장을 보면서 가져간 쇼핑 목록이었다.

닉 레이가 노트 위로 몸을 기울이고 있다.
그는 곧 죽게 될 것이다. 우리는 그의 크고 당당한
체구와 낫으로 깎아 낸 듯한 얼굴을, 그리고 실명한

---

6   일본에서 유래한 도자기 수리 기법. 도자기의 깨진 조각을
    밀가루 풀이나 옻으로 이어 붙이고, 깨진 자국에 금이나
    은가루를 뿌려 장식한다.

눈을 가리던 검은 안대를 기억한다. 그는 〈이유 없는 반항 La Fureur de vivre〉을 찍었다. 타오르는 남자, 격정을 폭발시키는 영화감독, 극단적인 서정을 지닌 예술가. 지금 그가 자신의 노트 위로 몸을 기울이고 있다. 천천히, 마지막 단어들을 써 내려가며 짧은 목록을 만든다.

관용 Tolerance
너그러움 Generosity
이기심 Selfishness
민감성 Sensitivity
완숙함 Maturity
사랑 Love
호기심 Curiosity
상상력 Imagination
겸손 Humility

저 먼 곳 어딘가에서는 리본을 펼쳐 망자의 그림자를 측정한 후, 의례를 갖춰 그 리본을 상자 속에 넣는다고 한다. 또 다른 어딘가에서는 사람이

적어도 네 개의 영혼을 지니고 있다고 믿는다. 그중 세 개는 그림자이고, 네 번째 영혼은 살아 있는 그 사람을 본떠 만든 인형의 모습을 하고 있다. 보다 섬세하고 전적으로 비물질적인 본성을 지닌 이 네 번째 영혼은 다른 물리적 대상 안에 침투할 때면 그 물체의 아주 가벼운 움직임을 유발한다. 이 영혼은 생명이 떠날 때 나뭇잎이나 의자, 천, 창가에 놓인 찻잔 안으로 도망치는데, 그때의 움직임을 뒤쫓아 그 영혼을 붙잡은 뒤 몸으로 다시 데려오기만 하면 생명을 되찾을 수 있다. 만약 그러기 전에 죽음이 도착해 버렸다면, 그때는 영혼을 상자 안에 살며시 넣어야 한다. 어떤 군도에 사는 사람들은 망자의 영혼이 다른 영혼까지 끌고 가지 못하게 하려고 그물을 펼쳐 그 영혼을 잡는다. 사라왁의 다약족에서는 선택받은 사람들, 즉 비밀을 물려받은 사람들만이 작은 인간의 형상을 한 채 떠도는 영혼을 볼 수 있다– 나는 선택받은 사람이다. 이렇게 너를 보고 있으니까. 또 어떤 곳에서는 임종하는 영혼을 붙잡기 위해 그의 손목과 발목에 낚싯바늘 형상의 목걸이를 묶기도 한다. 그리고 여기, 한 여자가 스스로를 묶고 있다.
내 영혼이 네 영혼과 함께 사라져 버릴까 봐.

어머니는 두 번째 남편이 떠나기 전 이미 첫
번째 남편과 사별한 상태였다. 지금 와서야 드는
생각이지만, 어머니의 영혼은 1956년 가을, 파리
생조제프 병원의 한 병실에서, 몹시도 젊었던
남편의 영혼과 함께 사라졌던 게 아닐까? 우리는
그녀가 겪었을 애도에 대해, 공포에 대해, 그
공포가 그녀에게 남긴 흔적에 대해 한 번도 생각해
보지 않았다. 가족 앨범 속에 납작하게 정리된
것들이 전부였다. 어머니는 그것을 소설적으로
활용해서, 정원에 마티니를 마시러 온 늙고 정중한
숭배자들에게 불행하지만 아름다웠던 자신의
삶을 줄줄이 읊조리곤 했다. 우리는 짜증을 내거나
비웃었다. 우리는 그녀가 계속 "과부 짓"을 한다고
생각했다. 1956년, 그때 그녀는 스물두 살이었다.
우리는 왜 늘 그 일이 없었던 것처럼 행동했을까?
우리는 왜 그녀를 고통받을 만한 이유가 없는
사람으로 간주했을까? 우리는 그녀에게 허락하지

않았다. 무심함, 어쩌면 두려움, 나아가 잔인함
때문에, 그녀에게 아픔이란 개념 자체를 허락하지
않았다. 몇 달간 병원 생활을 하며 겪었을 고통이
아예 존재하지 않았다는 듯이. 그때 어머니는
남편과 다른 병동에서 그녀의 첫 아이를, 그들의
첫 아이를 낳았고("그이가 아이를 볼 수 있을까?"
"나중에…… 지금은 너무 지쳐 있어"), 신생아를
안은 채 죽음의 문턱 앞에 있는 젊은 남편을
병문안했고, 아무것도 이해하지 못한 채 그의
마지막 고통을 견뎠다. 이어서 고지. 고지가 불러
온 비극적이고 구제할 길 없는 파열이, 고독이
왔다. 각자의 일로 바쁜 친지들은 무심했고,
갓 결혼한 새댁인 그녀에게는, 전쟁 미망인도
아니었던 그녀에게는 자기 입장을 내세울 만한
어떤 정당성도 없었다. 자연사, 흔한 방식의 죽음,
그 외에는 어떤 말도 양해되지 않았다. 그리고
훗날 우리도 그렇게 행동했다. 그런 일은 없었다는
듯이. 그 일에 대해 할 말이라곤 하나도, 단 한
단어도 없다는 듯이. 우리는 왜 그녀의 비애를
알아보지 못했을까? 그녀를 위로했어야 했다는

건 아니지만, 얘기라도 나눠 봤다면 어땠을까. 왜 우리는 그녀에게 모든 걸 말하면서도 그것만큼은, 그 죽음만큼은 말하지 않았을까? 이따금 그녀는 어딘가 황홀한 얼굴로, 하늘에서 내려온 숭고한 문장을 낭독하듯, 이렇게 말하곤 했다. "가장-중요한-건-서로-이야기를-나누는-거야." 우리는 시도라도 해 볼 수 있었을 것이다. 아픔에 대해 말하고, 절망을 숨기기 위해 얼마나 애쓰고 있는지 말해 볼 수도 있었을 것이다. 우리는 그녀가 인생에서 가장 아름다운 시절을 보냈다고 말했던 곳, 그녀가 그림을 그리고 그걸로 상을 타기도 했던 ― 그녀의 어린 남편은 그 상을 자랑스러워했다 ― 니스의 미술학교를 졸업한 지 얼마 지나지 않아 간호사가 되기로 한 이유에 대해, 그의 죽음 이후로 모든 것을 포기한 이유에 대해 이야기해 볼 수 있었을 것이다. 그녀는 무얼 원했던 걸까? 앞으로 다시는 병실에서 쫓겨나고 싶지 않았던 걸까? 그렇게 자신의 무력했음을 속죄하려고? 우리는 이야기를 나눌 수 있었을 것이다. 우리는 공허에 대해 이야기할 수도 있었고,

사람이 멈춰 서게 되는 순간에 대해, 조용히 놓아
버리기로 마음먹게 되는, 처음에는 거의 티가
나지도 않는 그 순간에 대해 이야기할 수도 있었을
것이다. 하지만 그러지 않았다. 우리는 아무 말도,
단 한마디도 하지 않았다. 어쩌면 그래서 나는
어머니가 살아 계시는 동안 그녀의 네 번째 영혼,
오래전에 사라져 버렸지만 그녀 자신은 그런 줄도
모르고 있던 그 영혼을 찾으며 많은 시간을 보냈던
건지도 모른다. 내가 쓴 책들의 페이지 속에서나마
그녀를 보호하려고.

    부엌과 욕실 사이에서 나는 또렷하게
들었다. 네 영혼이, 네 여러 혼 중에서도 내가
가장 좋아해서 밤이면 함께 몸을 웅크리는 다섯
번째 영혼이 말하고 있었다. 공허는 존재하지
않는다고, 그것은 물리적 특질들로 꽉 차 있다고,
원자와 분자, 질량과 쿼크들로 가득하다고, 광자는
말할 것도 없다고 ─ 거기야! 네가 보여 ─. 네가
말을 잇는다. 잘 들여다봐, 공허는 창공의 빛과
같은 거야. 거긴 관념과 사물들, 도약과 사유들,

열정으로 충만해. 잊지 마. 공허는 예기치 못한
것들과 사건들로, 생명력으로 가득하다는 걸.
나는 어둠 속에서 너의 파란 눈빛을 찾는다.
그래, 공허는 미래로 꽉 차 있다고 쳐. 하지만
내가 원하는 건 꽉 차 있는 네 존재야. 나는 너의
두께, 너의 피, 너의 실루엣을 원해. 나는 너라는
충만함을, 도저한 허무에서 솟구쳐 오르는 너의
현재와 과거를 원해. 나는 그 모든 걸 원해. **돌아와,
다시……!** 하지만 이 말을 소리내 꺼내자마자
너는 사라져 버렸다. 널 붙잡으려고 자꾸만 뒤를
돌아보고 싶어지는 이 저주받은 열망은…….

    나는 그래서 축척이 작은 지도를 그리기로
했다. 몇 개의 길을 옮겨 적고, 고도와 밀도를
표시했다. 내게 남아 있는 말들로 우리의
연장延長을 약간 형상화했다. 나는 매일 선을
그으며 이 지도를 그려 나간다. 넌 여기 있지. 아냐,
저긴가? 거기야? 아니면 다시 여긴가? 너는 종이 위
굴곡들 속에 고정돼 있다. 나는 거기 손가락을 대
본다. 떨면서 나아가 본다. 갈림길을 마주할 때도,

주저할 때도 있지만, 그래도 계속 나아간다.

    내 몸은 한순간에 늙어 버렸다. 가까스로 지탱하던 것이 단번에 스러지고 흩어졌다. 내가 내 몸을 소유한다고 — 너무 거창한 말인지도 모르겠지만 — 볼 수 있었던 순간은, 하나의 전체라고 하기는 어려운 표면이나 윤곽을 잠깐 스치듯 바라볼 때뿐이었다. 하지만 그때, 그게 상상이나 꿈이 아니었다면, 나는 알았다. 안다고 믿었다. 어느 날 아침, 옆자리에 더는 네가 없는 채로 눈을 뜨면서, 공허 앞에서 눈을 뜨되 거기에 완전히 빠져들지 않으려 나를 붙잡으면서, 어쩌면 여전히 잠들어 있는 채로, 나는 알았다. 내가 물질에게 작용하는 중력을 전혀 피하지 못하고 힘없이 가라앉아 버렸음을. 내 몸이 내 내면을 향해 천천히 추락했음을. 모든 입자는 막다른 곳의 바닥에 떨어져 내리고는 곤죽으로 변해 버렸다. 자리에서 일어났을 때, 나는 늙고, 작아지고, 등이 굽고, 주름져 있었다. 네 죽음은 내 알몸을 덮고 있던 천을 단번에 벗겨 버렸다. 나는 말들을 끌어당겨 나를 가리려 하지만, 도대체 뭘 가리려는 걸까? 이제 나는 나라는 이 존재에게 어떤 이름을 붙여야 하는지도 모른다. 지금은 모든 것이 — 육체와 영혼이라고 해 두자 — 전부 으스러진 채 바닥에 널브러져 있고, 그대로, 더는 움직이지 않을 것이다. 나는 여전히 해야 하는 것들을 정확히 해낸다. 흠잡을 데 없이 결단을 내리고, 관계를 맺고, 거래를 한다. 이 상태가 조금은 더 지속될 것이다. 마지막 붕괴가 오기 전까지는.

진정해. 말로는 표현치 못하는 뜨거운 사랑의 형식으로 돌아가. 어둠 속에서 그렸던 몸짓들로 돌아가. 마음속에서 한밤의 기나긴 키스를 다시 살려 내는 고고학에, 키스들 사이사이마다 주어졌던 저 모든 이름을 녹이고 흡수하고 통합하는 효소의 고고학에 세심하게 몰두해. 사랑 안으로 온전히 흡수되던 그 시간들에게 가.

어떤 사람들은 말한다. 두려움은 없고 오로지 평안만이 존재한다고. 모든 것이 하얗고,

이미 친숙하며, 차분하다고. 빛이 임박해 있는
기분이라고. 하지만 너, 너는 죽음의 순간에
무슨 생각을 했을까? 어떤 말을, 어떤 이미지를
떠올렸을까? 나는 책에 의지하지 않고서는
그것을 짐작할 수 없다. 너는 어쩌면 『전쟁과
평화』의 주인공 안드레이 공작처럼 죽었을지도
몰라. 말에서 떨어져, 전장의 더러운 풀밭 위에
누워, 놀라움을 느끼면서. 조금 전까지만 해도
공포와 분노로 가득한 전투였는데 이제는 드넓은
하늘만이 있으니,《지금 끝없이 높은 하늘 위로
구름이 흘러간다. 이 무한한 하늘을 나는 왜 지금껏
본 적이 없었던가? 오로지 이 하늘만이 존재한다.
그 외에는 아무것도, 아무것도 존재하지 않는다.
그래, 아무것도 존재하지 않는다. 아무것도 없다.
아무것도 없다. 오로지 침묵뿐이다.》어쩌면 너는
눈에 파묻힌 채 자신이 아닌 다른 이를 보호하며
죽어 갔던 바실리 안드레이치[7]와 같은 생각을
했을지도 모른다. 어쩌면 우리는 모두 그런 식으로
죽는 건지도 모른다.《'이제 더 이상의 착오는
없어. 이제 나는 알아.' 그리고 그는 방금 자신을

---

7   톨스토이의 단편소설 「주인과 하인」에 등장하는 인물.

불렀던 이의 목소리를 다시 듣는다. "갑니다,
가요!" 부드러운 환희로 가득 찬 그의 존재가
외친다. 그리고 그는 느낀다. 자신이 자유로움을,
이제 아무것도 자신을 붙잡을 수 없음을.》
어쩌면 너는 공포와 고통으로 가득한 끔찍한
싸움 끝에 커다랗고 시커먼 자루 앞에 이른 이반
일리치[8]처럼 소리 없이 말했을지도 모른다. 그는
극심한 혼란 속에서 그 혼란에 빨려들지 않기 위해
발버둥 치지만, 동시에 어째서 그 안에 들어가지
못하는지 놀라워한다. 그러다 돌연 끝이 난다.
그는 그 속에 들어가 있다.《"그런데 고통은?"
다음 순간 그가 자문했다. "어디에 있지? 이봐,
고통이여, 너는 어디에 있지?" 그가 귀 기울였다.
"그런데 죽음은 어디에 있지?" 그는 과거에 느꼈던
죽음의 공포를 찾아보지만, 더 이상 찾을 수 없다.
"죽음은 어디에 있었지? 죽음은 무엇이었지?"
더 이상 공포는 없다. 이제 더는 죽음조차 없기
때문이다. 죽음 대신 찾아온 것은 커다란 빛이었다.
"그래, 바로 그거였어!" 그가 큰 소리로 말한다.
"오, 얼마나 기쁜 일인가!"》죽음의 순간, 어쩌면

너는 플로베르의 주인공 펠리시테[9]처럼 너에게
가장 소중했던 것 ― 네가 그것을 무슨 이름으로
불렀든 ― 을 비호하는 환각을 보았을지도 모른다.
《그녀의 심장 박동은 조금씩 느려지고, 매 순간
더 희미해지고 약해져 갔다. 마치 샘이 고갈되고
메아리가 사라지듯이. 그리고 그녀가 마지막
숨을 내쉬었을 때, 그녀는 살짝 열린 하늘 속에서
자신의 머리 위를 날고 있는 거대한 앵무새 한
마리를 보았다고 믿었다.》 나는 이런 이야기들을
하나하나 이어 붙인다. 그 모두가 진실이다.
나는 너의 죽음으로 가득한 공허를 피하려 꾀를
부려 본다. 어떻게든 그것을 채우고 메워 보려
한다. 그렇게 나는 어떤 가능한 표현에 조금씩
다가가고 있다. 여기에 세계 최초의 열기구
비행을 세세하게 기록으로 남긴 물리학자이자
비행사인 자크 샤를이 쓴 글을 덧붙여야겠다.
나는 그것을 네가 기획한 위대한 책, 『땅의 지도와
삽화들』의 아카이브에서 읽었다. 네 손으로 모은
그 종이 더미들(점, 선, 도표들) 속에서 나는
1783년 12월 1일의 비행 이야기가 기록된 사본을

---

[8]　톨스토이의 소설 『이반 일리치의 죽음』에 등장하는 인물.
[9]　플로베르의 소설 『순박한 마음』에 등장하는 인물.

찾아냈다. 《내가 지구에서 벗어나고 있다는 것을
느끼는 순간 내 존재를 엄습했던 기쁨에 견줄
수 있는 건 아무것도 없을 것이다. 나는 모든
것에 응답하듯 그들 위로 솟구쳐 오르고 있다고
느꼈다. 이 윤리적인 감정은 곧 더욱 강렬한 감각,
내 앞에 펼쳐진 장엄한 장면에 대한 경탄으로
이어졌다. 나는 거대한 자연의 덩어리들과
지평선의 광활함이 선사해 주는 광경에 나 자신을
맡겼다. 대기의 파동을, 골짜기와 강의 품에서
피어오르는 지상의 증기들을 응시했다. 명상을
닮은 이 황홀경이 주는 이루 말할 수 없는 기쁨의
한가운데서, 나는 공중에서 빛을 받고 있는 유일한
몸이었으니, 나머지 자연은 모두 그림자 속에
잠겨 있는 듯 보였던 것이다. 추위는 참을 수 없을
정도는 아니었다. 나는 내 모든 감각을 살폈다.
말하자면 나는 **살아 있는 나 자신에 귀 기울였다.**》
이 글의 모든 단어 하나하나가, 볼드체로 섬세하게
강조하기로 한 선택까지도, 그 이해할 수 없는
멀어짐 — 너의 사라짐 — 에 대한 새로운 소식을
전해 준다. 그래, 그날 밤, 그 칠흑 같던 밤, 내가 헛되이 도움을 구하며 부르고, 애원하고, 미친 사람처럼 비애의 눅진한 두터움 속으로 빠져들고 있을 때, 잿빛의 슬픈 병실 안에서 울고 있을 때, 너는 웃으며 비행선에 올라탔고, 곧이어 세계의 광활함과 아름다움에 매료되었고, 불안을 물리칠 수 있었지. 그렇지? 말해 봐. 내게 말해 봐. 너는 모든 걸 봤어. 너무 춥지는 않았어. 너는 보고 있었고, 알고 있었고, 강렬하고 윤리적인 도약을 이루면서 활기를 띠게 됐어. 그건 심판도, 선악의 이야기도 아닌 사랑의 도약, 불과 얼마 전 네가 단호하면서도 위엄 있게 지시했던 사랑의 도약이었어. 그리고 그 순간 너는 불멸이 되었지. 난 알아. 그게 아닌 다른 무엇일 수가 있겠어?

처음으로 그 문이 열렸다. 나는 문이 있다는 것조차 알아차리지 못했었다. 나는 내 바깥으로 가볍게 뛰어올라 곧장 그 문턱을 넘고, 공간을 거꾸로 타고, 정렬된 것들을 다시 배치하고, 이슬비 아래 꽃들 사이로 내려간다. 거기 사람들이 모여 있다. 오늘은 죽은 자들의 날, 그들을 위한

날이니까. 방문객들의 웅성거림으로 정적은
더 두꺼워지고, 나는 계속해서 지금껏 들어본
적조차 없는 하강을, 대각선으로 떨어지는 하강을
계속한다. 철교의 그늘 아래를 지나 이끼 낀
계단에 접어들고, 돌 사이를 다시 내려간다. 그러다
갑자기, 이 새 가을의 황금빛 안개 속에서 아주
작은 확신 하나가 나의 비애를 산산이 부순다.
하나의 장면이 해명된 것처럼 또렷하게 보이고,
그렇게 너와 나 사이에 어떤 자명함이 생겨난다.
모든 게 완벽하게 완수되었고, 동시에 완수될 수
없으며, 끝은 없다는 것. 나는 정말 이걸 몰랐었던
걸까? 그림자가 증발하는 가운데 나는 거의 웃음을
터뜨릴 뻔한다. 물론 나는 알고 있었다. 하지만
지금, 이 순간 나는 그것을 받아들인다. 순전한
감사의 도약 속에서, 부풀어오름 속에서, 하얀
거품을 부서뜨리며 무심하고 경쾌하게 거기 있는,
있던 그대로 있는 세계에 대한 찬동 속에서. 한
번의 들숨으로 책임을 발견하고, 한 번의 날숨으로
시작의 시련을 겪는다. 무언가 아주 현실적인
것이 커다란 나무들 아래에서 조금씩 고동친다.

세상 곳곳의 사람들은 무덤 위를 분주히 오가며
관리 임무를 끈질기게 수행한다. 왜냐하면 우리,
이곳에 익숙한 우리는 잘 알고 있기 때문이다.
기도는 불가능하다는 것을, 생각은 마음처럼
되지 않는다는 것을, 이곳에서 소용 있는 유일한
행위는 유지를 위한 동작뿐이라는 것을. 이 땅
곳곳에서, 사람들은 너무 비좁은 통로 안에서
비틀거리고, 무질서하게 놓인 석판들 사이에서
길을 잃고, 돌을 향해 몸을 기울이고, 묘석에
기대고, 고유명사들만으로 채워진 거대한 사전을
말없이 하나하나 읽어 내려간다. 그 이름들의
끝없는 무더기가 한때 존재했던 것들을 덮고,
에워싸고, 지켜 주고 있다. 사람들은 천천히 걸으며
여기저기 새겨진 이름 하나하나를 살피고, 날짜를
응시하고, 계산해 보고, 가계도를 복원하고, 글자의
배열 속에서 이제는 더 존재하지 않는 것에 관한
의미를, 이제는 다 흩어져 알아낼 수 없는 의미를
추측하려 한다. 존재하는 저 모든 것의 아름다움과
충만함이 우리에게 남기는 게 있다면, 남겨지는
게 조금이라도 있다면, 그건 오로지 이름과

단어들뿐일 것이다. 관리인이 시각을 알리는 종을
울린다. 저녁이 내린다. 나는 계속해서 내려간다.
가득 찬 것들과 텅 빈 것들 사이를 미끄러지듯
지나 비밀스러운 너의 이름에까지 다가간다.
나는 그 아래에서 밤의 그림자 속에서 사라졌던
빛을 되살려 주듯 반짝이며 흐르는 물을 본다.
나는 내려가고, 또 내려가서, 보다 구체적인
곳으로, 보다 투명한 곳으로 나아간다. 날이 밝아
온다. 나는 거꾸로 뒤집힌 하늘의 신선함 속으로
나아가고, 계속해서 나아가고, 창공의 빛을 따라
몸을 던진다.

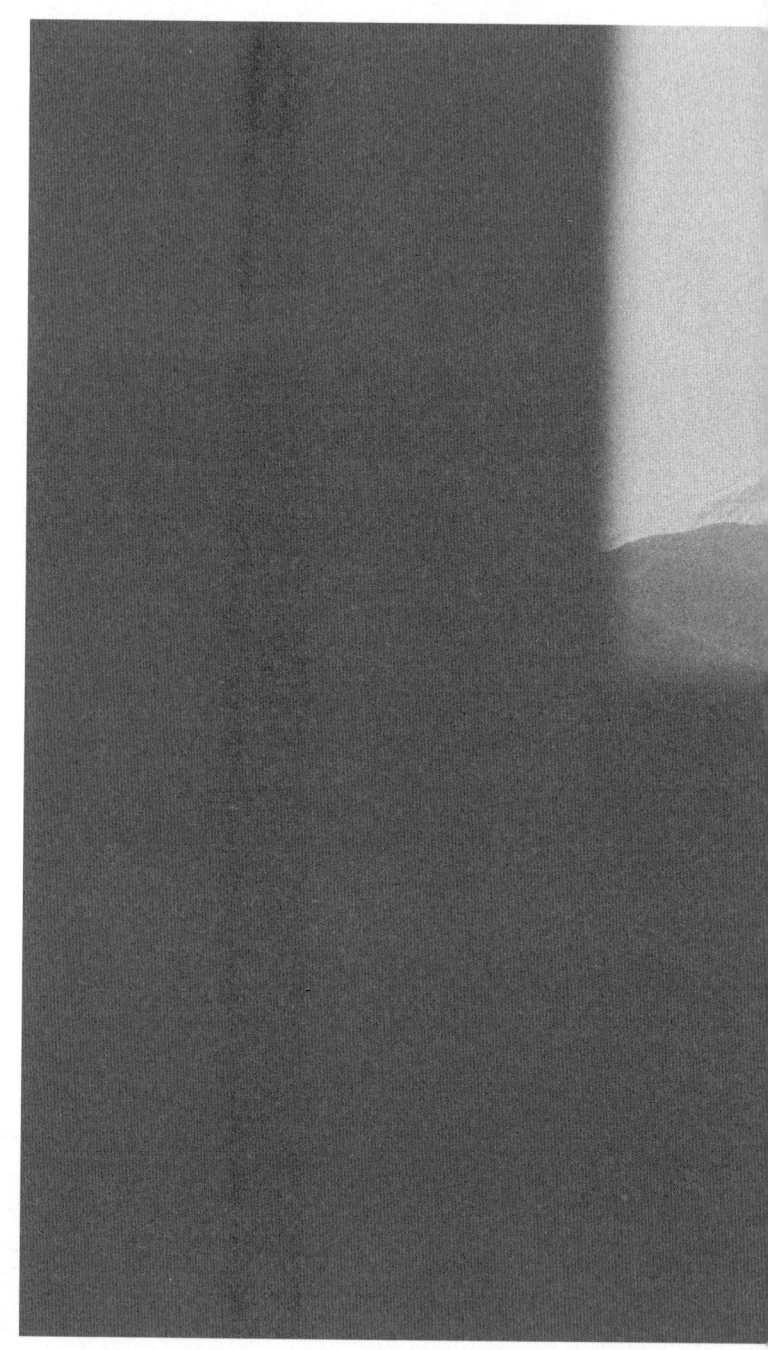